Cuíca de Santo Amaro

Biblioteca de Cordel

Cuíca de Santo Amaro

Introdução
Mark J. Curran

hedra

São Paulo, 2010

Copyright© desta edição, Hedra 2000

Capa
Julio Dui

Projeto gráfico e editoração *Hedra*
Preparação de texto
Iuri Pereira

Revisão
Artesã das palavras

Ilustrações das orelhas e quarta-capa
José Lourenço

Dados Internacionais de Catalogação na Publicação (CIP)
(Câmara Brasileira do Livro, SP, Brasil)

Amaro, Cuíca de, (?-1964).
introdução de — São Paulo: Hedra, 2000. — (Biblioteca de Cordel)

Bibliografia.
ISBN 85-87328-10-7
1. Amaro, Cuíca de (?-1964) 2. Literatura de cordel–Brasil 3. Literatura de cordel–Brasil–História e crítica I. Curran, Mark J. II. Título. III. Série

00-0126   CDD-398.20981

Índices para catálogo sintemático:
1. Brasil: Cordelistas: Biografia e obra: Literatura folclórica 398.20981
2. Brasil: Literatura de cordel: História e crítica: Folclore 398.20981

[2010]
Direitos reservados em língua portuguesa
EDITORA HEDRA
R. Fradique Coutinho, 1139, subsolo
CEP 05416-011, São Paulo-SP, Brasil
+55-11-3097-8304
www.hedra.com.br
Foi feito depósito legal.

BIBLIOTECA DE CORDEL

A literatura popular em verso passou por diversas fases de incompreensão e vicissitudes no passado. Ao contrário de outros países, como o México e a Argentina, onde esse tipo de produção literária é normalmente aceita e incluída nos estudos oficiais de literatura — por isso poemas como "La cucaracha" são cantados no mundo inteiro e o herói do cordel argentino, Martín Fierro, se tornou símbolo da nacionalidade platina —, as vertentes brasileiras passaram por um longo período de desconhecimento e desprezo, devido a problemas históricos locais, como a introdução tardia da imprensa no Brasil (o último país das Américas a dispor de uma imprensa), e a excessiva imitação de modelos estrangeiros pela intelectualidade.

Apesar da maciça bibliografia crítica e da vasta produção de folhetos (mais de 30 mil folhetos de 2 mil autores classificados), a literatura de cordel — cujo início remonta ao fim do século XIX — continua ainda em boa parte desconhecida do grande público, principalmente por causa da distribuição efêmera dos folhetos. E é por isso que a Editora Hedra se propôs a selecionar cinqüenta estudiosos do Brasil e do exterior que, por sua vez, escolheram cinqüenta poetas populares de destaque e prepararam um estudo introdutório para cada um, seguido por uma antologia dos poemas mais representativos.

Embora a imensa maioria dos autores seja de origem nordestina, não serão esquecidos outros pólos produtores de poesia popular, como a região sul-riograndense e a antiga capitania de São Vicente, que hoje abrange o interior de São Paulo, Norte do Paraná, Mato Grosso, Mato Grosso do Sul, parte de Minas Gerais e Goiás. Em todos esses lugares há poetas populares que continuam a divulgar os valores de seu povo. E isso sem nos esquecermos do Novo Cordel, aquele feito pelos migrantes nordestinos que se radicaram nas grandes cidades como Rio de Janeiro e São Paulo. Tudo isso resultará em um vasto panorama que nos permitirá avaliar a grandeza da contribuição poética popular.

Acreditamos, assim, colaborar para tornar melhor conhecidos, no Brasil e afora, alguns dos mais relevantes e autênticos representantes da cultura brasileira.

Dr. Joseph M. Luyten (1941–2006)

Doutor pela USP em Ciências da Comunicação, Joseph Luyten foi um dos principais pesquisadores e estudiosos da literatura de cordel na segunda metade do século XX. Lecionou em diversas universidades, dentre as quais a Universidade de São Paulo, a Universidade de Tsukuba (Japão) e a Universidade de Poitiers (França), onde participou da idealização do Centro Raymond Cantel de Literatura Popular Brasileira. Autor de diversos livros e dezenas de artigos sobre literatura de cordel, reuniu uma coleção de mais de 15 mil folhetos e catalogou cerca de 5 mil itens bibliográficos sobre o assunto.

Joseph Luyten idealizou a Coleção Biblioteca de Cordel e a coordenou entre os anos de 2000 e 2006, período em que publicamos 22 volumes. Os editores consignam aqui publicamente sua gratidão.

SUMÁRIO

Introdução, por Mark J. Curran — 9

O homem que virou esqueleto de tanto esperar o ruído do telefone — 25

A mulher que deixou o marido desarmado — 33

A vingança do homem de Brotas — 43

O casamento do homem de Brotas — 53

A chegada de Hitler no inferno — 63

A capacidade do general Lott — 73

A retumbante vitória de Jânio Quadros — 83

Jânio Quadros e as suas... — 93

A posse de Jango Goulart — 103

Porque candidatei-me para vereador — 113

A bagunça no pleito eleitoral — 121

Quem tem inimigos não dorme — 131

Folhetos de Cuíca de Santo Amaro — 141

Bibliografia — 144

INTRODUÇÃO

Cuíca de Santo Amaro, Ele o Tal! (nome de guerra de José Gomes) escreveu folhetos de literatura de cordel na Bahia desde o fim da década de 1930 até sua morte em 1964. Chegou a escrever várias centenas de folhetos documentando a vida baiana e nacional de sua época. O autor e sua obra são monumentos à vida baiana popular e também à tradição do jornalismo na literatura de cordel no Brasil[1].

Cuíca de Santo Amaro (nome que vem da época de juventude, quando José Gomes fazia farra e música em festas em Santo Amaro, no recôncavo baiano) não estava entre os melhores versificadores da literatura de cordel, mas era a síntese do trovador-repórter popular. Forneceu-nos um relato picante e interessante de seu tempo. As centenas de folhetos de Cuíca (impressas semanalmente durante quase vinte e cinco anos) formam um retrato folclórico-popular da vida baiana, que corresponde muito bem àquele tecido pelo romancista Jorge Amado. (Foi a partir de um estudo de três romances de Jorge Amado que resolvemos estudar a obra de Cuíca; os dois escritores têm muito em comum.)

Cuíca era uma figura bastante controversa, por isso a escolha do título deste livro. Era diferente de seus colegas de cordel (há quem diga que nem merecia o título de poeta de bancada), e forma um tipo distinto de outros poetas populares. Seu papel de repórter do povo foi muito além da ética praticada por seus colegas na coleta de informação e na escrita de seus versos que seriam publicados em folhetos de cordel[2]. Mas não podemos rejeitar o que ele nos deixou: um documento de sua época que ficará como um dos mais completos oferecidos pela literatura de cordel.

Descrevendo suas reportagens em verso, Odorico Tavares, repórter baiano que imortalizou Cuíca em um artigo em O cruzeiro em 1946, disse:

O seu forte era o comentário sobre fatos do dia, o cotidiano baiano que explorava com uma crueldade sem limites. Ai de quem caísse no seu desagrado: em dois tempos, contava a sua história em versos, imprimia, arranjava do Sinésio [Sinésio Alves, ilustrador de capas de folhetos no cordel baiano da época e colega de travessuras do Cuíca] o desenho adequado para as capas e largava brasa. Um inferno para as suas vítimas, um gozo para o público que o cercava e o ouvia, às gargalhadas3.

Cuíca satirizava em seus versos, continuando, em uma vertente totalmente popular, uma tradição literária bahiana. A tradição satírica de Gregório de Matos Guerra, o apelo para a justiça e para a liberdade do povo negro dos versos de Castro Alves, a crítica social da obra de Jorge Amado, a gozação e a crítica dos epigramistas baianos, e a paródia popular das folhas volantes dos poetas populares — todos representaram um ambiente, se não próprio de Salvador, pelo menos característico da cidade. Para nós, este mesmo espírito satírico e picaresco é o que predomina na obra em cordel de Cuíca de Santo Amaro.

Foi Jorge Amado quem primeiro chamou a atenção do público brasileiro para Cuíca em seu livro Bahia de todos os santos, escrito em 1944 e já com muitíssimas edições, no capítulo "Personagens — o Poeta":

O mundo da Rampa do Mercado se delicia com os folhetos de Cuíca de Santo Amaro. Ali, próximo ao Elevador Lacerda, vós o encontrareis, ao poeta. Seu chapéu de coco, envelhecido de muitos invernos chuvosos,

os cartazes cobrindo as costas do peito, o rosto alegre, cantando seus
versos para os que passam4.

Jorge Amado descreve o modus operandi do poeta:

Cuíca de Santo Amaro é autor, editor, chefe de publicidade e livreiro
ambulante. Um poeta que se basta e que tem um grande público
[...]. Cuíca de Santo Amaro é uma organização: escreve seus versos,
manda imprimi-los, desenha ele mesmo os cartazes de propaganda que
conduz sobre os ombros, vende os folhetos com os poemas e canta os
melhores versos para atrair a freguesia. Homem célebre na Rampa do
Mercado dos saveiros, a verdade é que Cuíca de Santo Amaro exerce
importante função social. Seus folhetos, lidos em grupo, são jornal
e livro, informação e cultura, comentário social e econômico, ironia
e crítica, poesia e panfleto. Assim é Cuíca de Santo Amaro, poeta do
Mercado Modelo, no cais da Bahia5.

Os repórteres da época louvaram Cuíca e falaram de sua
importância, entre eles, outra vez Odorico Tavares:

Mais de trinta anos da vida baiana podem ser encontrados nos folhetos
de Cuíca de Santo Amaro. Que se recolha quanto antes as coleções de
versos de sua literatura de cordel.

Com ele desaparece o último dos ferinos comentadores da vida
da cidade, uma admirável figura do povo, admirável personagem da
Cidade do Salvador. Remanescente de uma época que não volta mais6.

Assim fica confirmado que Cuíca de Santo Amaro era muito
mais do que poeta de cordel da época; era um verdadeiro tipo
popular na Bahia. Vendedor de versos nas ruas da cidade por
mais de vinte e cinco anos, vestia-se da maneira mais espalha-
fatosa e chegou a ser "personagem" da cidade. Hildegardes
Vianna fez uma descrição clássica do Cuíca popular, durante o
I Congresso Nacional de Trovadores e Violeiros, na Bahia, em
1955:

Na hora exata, Cuíca de Santo Amaro apareceu. Tinha caprichado na figura. Um fraque do tempo da onça, muito surrado, porém muito escovado e passado a ferro, rosa vermelha sobre a lapela, lenço com pontinha aparecendo no bolso, colarinho duro, daqueles que tinham as pontas viradas, e, se não me falha a memória, uma gravata vermelha bem larga.

Devo acrescentar que o colete abotoado fora conservado, as suas inconfundíveis pernas estavam metidas em calças de listas que caíam desajeitadamente sobre os velhos sapatos bem engraxados e polidos. Os cabelos, bem lambuzados com brilhantina cheirosa, repartidos ao meio, assentavam-se cuidadosamente para os lados. Andava de um lado para o outro, muito sisudo, fazendo curvaturas gentis para os convidados de certa consideração, movimentando grotescamente o "rabo de curió" [nome popular das abas do fraque]7.

Por ser famoso na cidade, Cuíca foi retratado na ficção baiana. Foi protagonista da obra de dois importantes autores brasileiros, Jorge Amado e Alfredo Dias Gomes. Os dois conheciam Cuíca e aproveitaram os aspectos mais coloridos do poeta em suas obras. Jorge Amado empregou muito do cordel e vários detalhes do poeta Cuíca em seus livros. Já comentamos a importância de Cuíca, que mereceu capítulo especial em Bahia de todos os santos, mas também fez papel pitoresco como protagonista-narrador em alguns dos romances de Amado. Foi autor ficcional de uma história popular na terceira parte de Pastores da noite, "A invasão do morro do Mata-Gato ou Os amigos do povo" e também na quarta parte de Teresa Batista cansada de guerra, "A noite que Teresa Batista dormiu com a morte"8.

A figura popular de Cuíca também é retratada em outra obra importante. Dedé Cospe-Rima, personagem de O pagador de promessas, de Dias Gomes, é inspirado em Cuíca. A imagem do poeta é deliciosa:

Desce a ladeira, passo mole, preguiçoso, Dedé Cospe-Rima.

Mulato, cabeleira pixaim, sob o surrado chapéu-coco — um adorno necessário a sua profissão de poeta-comerciante.

Traz, embaixo do braço, uma enorme pilha de folhetos: abecês, romances populares em versos. E dois cartazes, um no peito, outro nas costas. Num se lê: "Abc da mulata Esmeralda — Uma obra-prima" e no outro "Saiu agora, tá fresco ainda! O que o cego Jeremias viu na lua".9

Dias Gomes pinta Dedé (Cuíca) como homem sem dinheiro, sempre tomava um empréstimo não oferecido mas sugerido pelo poeta, traço de seu caráter confirmado em entrevistas com seu grande colega Sinésio Alves. O poeta também estava disposto a receber um gole de cachaça ou um abará aos amigos familiares, às vezes oferecendo exemplares de folhetos como pagamento. Mas, a fama e o caráter verdadeiros desse temido vate popular estão presentes na seguinte descrição do poeta em O pagador de promessas:

[...] eu sou um homem temido! Quando eu anuncio que vou escrever um folheto contando as bandalheiras desse ou daquele deputado... ah, menino, não tarda o fulano me procurar pra adoçar meus versos. (Faz com os dedos um sinal característico de dinheiro). Se eu anunciar nesta tabuleta que vou escrever o Abc do Zé-do-Burro, tenho certeza que o Padre abre logo a porta e vem ele mesmo carregar a cruz"10.

Como eram os versos de Cuíca? Se fôssemos descrever o tom de sua poesia, teríamos de dizer que tem um pouco de Gregório de Matos (satírico, picante), um pouco de Castro Alves (a chama da liberdade do povo), e muito de Jorge Amado (o artista em defesa do povo). Em outras palavras, sua poesia é muito baiana. Entende-se, claro, que Cuíca fazia uma reflexão popular, não polida, porque em termos artísticos seu verso era pobre. Cuíca de Santo Amaro era uma espécie de Gregório de Matos Guerra sem gramática. Não lhe escapava nenhum fato sensacional da cidade, não lhe fugia da mira figurão a pedir sátira. Era dar-se o fato ou projetar-se o figurão e surgia um novo folheto em que se atropelavam versos de todas as metragens, rimas de todas as consonâncias. Mas, os traços embora toscos, a caricatura valia, fazia rir o povo nas filas, na calçada da gare, nas aglomerações de porta de loja11.

Mas, na alma e na obra do poeta há muito em comum com seus colegas mais distintos: a atitude jocosa, a sátira, a amargura, o estilo às vezes bombástico, o calor das palavras às vezes zangadas e revoltadas, a defesa dos direitos humanos, em resumo, a visão populista da vida de um homem do povo por excelência. Essa visão confirmada em quase todos os artigos de imprensa escritos sobre o poeta ficou evidente na leitura dos mais de trezentos folhetos do poeta.

Cuíca escrevia expressando uma variedade de emoções: podia estar frustrado e raivoso, tempestuoso, melancólico, aborrecido ou feliz e engraçado. É essa última qualidade que a maioria do público baiano lembra quando fala do poeta. Ainda que estivesse xingando um vigarista local, um político ou a linha da circular, Cuíca geralmente brincava com seu público, inserindo muita insinuação no tom que empregava para declamar seus versos na rua. Tentava informar seu público dos problemas, mas, também, diverti-lo. Escolhia assuntos genuinamente engraçados e, no caso da insinuação sexual ou do protesto sério, usava o jogo de palavras como técnica principal de seus versos. Amava revelar a hipocrisia, a má administração e a ineficiência da menos que perfeita vida baiana e nacional.

Um dos melhores exemplos do humor de Cuíca, neste caso satirizando um tema nacional, é o folheto O homem que pariu, uma obra-prima popular com rica linguagem satírica. A ironia e o sarcasmo tornam-se armas na caneta de Cuíca nessa vingança do nordestino contra o sulista. Cuíca emprega uma notícia de jornal sensacionalista — um homem que supostamente "deu à luz" em São Paulo — e, desse tema tradicional chamado de "fenônemo" no cordel, criou uma verdadeira coup de grâce. O páthos do folheto é significante, levando em conta a cena da leitura oral nas ruas da Bahia. Começa o poema com a hipótese do sulista:

> Dissera muito Paulista
> Diziam que em Salvador
> Com a sua ironia
> Homem velho ou rapaz
> Que em hipótese alguma
> Vestiam calças é verdade
> Vinha a nossa Bahia
> Com a braguilha pra traz
> Pois homem de Salvador
> Com os cinco botões
> Só é até meio-dia.
> No meio do Pero Vaz.

Cuíca admite que São Paulo é colossal, o maior produtor do país:

> Os médicos e a ciência
> Se é que São Paulo
> Não devem impedir
> São o orgulho da Nação
> Se é que em São Paulo
> Não pode... não deve
> Precisa evoluir
> Parar a produção

Seja mulher ou homem
Isto o nortista
Tem que produzir.
É a sua opinião.

Mas não é possível encarar Cuíca sem considerar que, além de poeta, também era propagandista. Assim vemos melhor a imagem do homem na Bahia durante mais de vinte anos de carreira, de 1940 a 1964. A imagem que necessariamente fazemos dele tem que incluir as duas funções: autor-vendedor de folhetos de cordel e homem das tabuletas (o homem de cartola e fraque chamando a atenção dos transeuntes para o último "espetáculo", para uma grande liqüidação na Baixa dos Sapateiros ou para um novo filme na cidade). Cuíca acumulava as funções de poeta e propagandista: anunciava em versos as mais diversas atividades comerciais da cidade. Assim, foi natural que o poeta escrevesse o folheto A grande feira e que fosse convidado a fazer seu próprio papel, de poeta e propagandista, no filme homônimo. De fato, Cuíca abre e fecha o filme e, no folheto, faz propaganda para o filme como para si mesmo:

O Cuíca de Santo Amaro
De fraque e cartola
Que de fato é o tal
Parecendo um doutor
Abre o grande filme
Cuíca de Santo Amaro
Ao povo da capital
Renomado trovador
Pois o mesmo é, leitores
Faz sorrir a valer
Convidado especial.

Qualquer espectador.

Mas ele também empregava o termo "propagandista" de outra maneira. Divulgava, por dinheiro, certos "fatos" ocorridos na Bahia. A revelação de tais "fatos" é a história do jornalismo popular de Cuíca de Santo Amaro, um jornalismo descrito de modo maravilhoso pelo escritor e aficionado de cordel, Orígenes Lessa:

A crise de energia elétrica [...] inspirou na Bahia um folhetinho de Cuíca de Santo Amaro, o Macunaíma da poesia popular: Por que falta luz na cidade. Este Cuíca de Santo Amaro que se diz sempre "Ele o Tal" não se rege pelos padrões e ética [de outros poetas populares]. Contador de histórias muitas vezes pornográficas, sempre irreverentes, tem-se visto com freqüência às voltas com a polícia12.

Como qualquer repórter de um diário urbano, Cuíca teve que encontrar e pesquisar suas histórias. No espírito de criação desse tipo de jornalismo popular, com suas técnicas aceitas e legítimas, inclui-se uma parte significativa dos folhetos do vate, inclusive aqueles em que faz o papel de um repórter popular divulgando em verso e linguagem simples do povo os fatos e eventos de importância local, regional e, às vezes, nacional.

Na obra de Cuíca de Santo Amaro, é freqüentemente difícil distinguir entre a legítima reportagem popular e a sensacionalista, com a intenção de chocar o leitor. Esse é o chamado jornalismo amarelo ou marrom, tal como praticado pelo vate popular, que o colocou às voltas com os protagonistas de seus poemas ferozes e com a polícia. Esse tipo de folheto teve um sucesso enorme para Cuíca. Parte significativa de sua obra, especialmente a que tratava da vida baiana, era assim, sensacionalista. O escândalo público garantia boas vendas (e pão na mesa para os "inchadinhos", como Cuíca se referia aos filhos). O extraordinário, especialmente sexual ou criminoso, chamava a atenção de seus ávidos leitores. O que fez Cuíca diferente de outros colegas de cordel que também praticavam o jornalismo sensacionalista não foram os temas (já que o assunto picante sempre existiu no cordel), mas os métodos que empregava para conseguir tais histórias. Nada mais esperado do que o anúncio na contracapa do folheto semanal de Cuíca:

> Aguardem!! uma nova bomba a semana que vem!!

Uma das técnicas de Cuíca para obter histórias sensacionalistas era a extorsão jornalística. Claro que essa palavra, tão forte e direta, nunca foi usada pelo poeta. Porém, é certo que obtinha informações de natureza escandalosa e, para não publicá-las, exigia pagamento dos interessados. Ou publicava-as no folheto "quente" do momento, mas sem revelar nomes, apresentando somente uns poucos detalhes e insinuações. Assim, oferecia às pessoas interessadas a oportunidade de comprar a tiragem inteira da história que estava em preparo, história já prometida a um público curioso, história a ser espalhada às rua da Bahia.

Muita gente que participava da vida popular de Salvador naqueles anos (ou que tinha conhecimento dela) ficava ciente das ações do poeta — gente de todas as camadas sociais, das pessoas mais humildes, na rampa do Mercado Modelo, aos manda-chuvas da cidade, na baixa dos Sapateiros. Cuíca afirmava que todo fato devia ser reportado e cumpriu esse seu dever de repórter popular, dever que lhe trazia desgostos, brigas e até cadeia mais de uma vez. Uma auto-defesa aparece no poema Por que candidatei-me para vereador:

> Por isto quanto vi
> Por causa deste povo
> O povo abandonado

Muito tenho sofrido
Pelos tubarões
Por defender o povo

Sendo massacrado
Sempre fui perseguido
Tornei-me sem pergaminho
Com toda perseguição
Deste povo o advogado.
Tenho tudo combatido.

Tenho descoberto
Muita e muita bandalheira
Muito conchavo
Muita ladroeira
Comigo não tem bronca
Sapeco-lhes a madeira.

Esse pequeno trecho confirma, nas palavras de Cuíca, um dos aspectos mais discutidos de sua personalidade: a disposição combativa do poeta ao revelar "os fatos" importantes da corrupção na Bahia. Quase todos que escreveram sobre Cuíca comentam essa característica:

versejador terrível, traz no ridículo, em versos impressos, os acontecimentos públicos e atos do governo dignos de censura, em folhetos que apregoa, atraindo grande multidão que consegue manter em constantes gargalhadas [...][13].

Tal combatividade e tal comportamento devem ter trazido noites sem sono e certa vida "aperreada", mas o poeta nunca deixou de desabafar nas ruas da Bahia, declamando os fatos e revelando as próprias emoções em voz alta. Em Quem tem inimigos não dorme, Cuíca disse:

Muita gente tem vontade
Todo dia ando dizendo
Que a polícia me encane
Sou pobre mas sou direito
Acho eu muito possível
Leio sempre qualquer livro
Que esta gente se engane
Sei descobrir seu defeito
Pois sempre estou mais forte
Porque... quem é bom
E tão firme como arame.
Do berço já foi feito.

Continuo da defesa
Vinte anos desta parte
De todos os meus direitos
Que eu vivo nesta luta
Escrevendo os meus versos
Escrevendo vários folhetos
Com toda ordem e respeito
Com a minha pena batuta
Pois tenho a minha família
Afirma Getúlio Vargas
E quero tudo direito.
E o general Gaspar Dutra.

Sei que sou muito invejado
Julgam eles com certeza
Não preciso que me informe
Que me tirem do gramado
Aqui dentro da Bahia
Se eles estão pensando

A usarada é enorme
Estão tomando bonde errado
E eu já ando ciente
Porque vão terminar
Quem tem inimigos não dorme.
É ficando avacalhado.

Mas é preciso saber da obra documental não-sensacionalista do poeta antes de terminar esta introdução a suas reportagens em cordel. É óbvio ao interessado na obra vasta de Cuíca de Santo Amaro que uma multidão de temas ou assuntos foram tratados nos muitos anos de vida de poeta-repórter popular da Bahia (ver a lista de folhetos no fim do volume). Uma observação que quase imediatamente salta à vista é a natural divisão entre os temas baianos e os nacionais.

Cuíca documentava da maneira mais completa a vida cotidiana baiana: a carestia na vida do povo (com dezenas de variantes), os usos, os costumes e a moral vigentes na cidade de Salvador, crimes, desastres e talvez mais importante, os pequenos fatos escabrosos da vida particular baiana, aos quais já aludimos. Talvez um seja exemplar: o caso de Brotas.

Na década de 1940 Salvador já teve seu caso Bobbit (que tanto escândalo causou alguns anos atrás nos Estados Unidos). O caso verídico, reportado em todos os jornais e no rádio, foi uma oportunidade rara para Cuíca e outros colegas de cordel. Um certo Mendonça, eletricista de ocupação, homem casado, não podia deixar de brincar com as mulheres. Houve ameaças e apelos por parte de sua esposa para que deixasse aquela vida, mas ele não se absteve. Certa noite, depois de chegar cansado de outra farra e cair morto do sono, a esposa cortou sua cabeça. Cuíca moralizava de maneira hilariante sobre o caso:

Esta é uma lição
Quem é noivo ou está pra isto
Para aquele que é casado
Não vá atrás de lorotas
Quando for durante a noite
Tenha muita precaução
Deve ter todo o cuidado
Com moça que more em Brotas
Porque ao contrário
Tome bem o meu conselho
O sujeito está roubado.
Porque senão é patota.

Se a moda pega
Será bastante engraçado
Esta moda na Bahia
Seria mesmo gozado
Eu não sei o que seria
De muitos homens casados.

Cuíca escreveu a continuação, A vingança do homem de Brotas, quando o marido desonrado se vingou, esfaqueando a mulher na ladeira do Cabral nas Sete Portas. Provavelmente, as boas vendas estimularam o poeta a aproveitar o momento quente e entrar na pura ficção com um terceiro folheto, O casamento do homem de Brotas. Faltando uma peça necessária, Mendonça trouxe-a dos Estados Unidos — onde todo mundo sabe que tem de tudo — mas a nova peça era tão grande que o avião caiu e deixou o eletricista lamentando seu azar.

A pilhéria e a hilaridade desses "casos" locais refletem só um lado da obra documental de Cuíca de Santo Amaro. Da vida nacional, e até internacional, também comentava os fatos e eventos mais importantes. Este aspecto, o da vida nacional, quase sempre relacionado com a predileção, a obsessão de Cuíca — a política — completa o quadro de poeta-repórter de cordel que é por excelência Cuíca de Santo Amaro.

Cuíca fez reportagem em versos populares dos anos da Segunda Guerra Mundial até a década de 1960. Suas histórias contra Mussolini, Hitler e a ameaça integralista chamaram a atenção de Jorge Amado, que fez uma das primeiras reportagens sobre o poeta, que ajudou a criar seu lugar na vida popular baiana. Ocupou-se predominantemente de Getúlio Vargas, cuja política trabalhista despertava a simpatia do poeta. Também escreveu sobre os integralistas, os comunistas, a União Democrática Nacional (UDN), e sobre todos os governos até sua morte, em 1964. Os títulos de Cuíca revelam a história política do Brasil do século XX14 : Plínio Salgado e o galinheiro, O discurso de Carlos Prestes, O regresso de Getúlio, O testamento de Getúlio, A retumbante vitória de Jânio Quadros, A posse de João Goulart e Carlos Lacerda e suas diabruras.

O cenário internacional não ficou de fora: A chegada de Mussolini no inferno, A chegada de Hitler no inferno, O testamento de Hitler, Revolução na Argentina e Eva Perón. A poesia política e histórica dessa fase da obra de Cuíca de Santo Amaro segue seu estilo costumeiro: às vezes é uma poesia crítica e mordaz, outra totalmente preconcebida, mas sempre interessante, picante e informativa. Teve Cuíca o dom de penetrar as nuvens da retórica política e chegar ao miolo das coisas. Sua visão era a de um homem do povo. Pobreza, injustiça, miséria e fome foram os assuntos principais, sempre em estilo humorístico e satírico.

Cuíca viveu durante o Estado Novo, mas também experimentou um período sem par na história democrática de seu país, desde a deposição de Getúlio Vargas em 1945 até o regime de João Goulart em 1964 (Cuíca morreu em 1964, ano da chegada da "Renovadora"; quem pode imaginar as lutas que Ele o Tal teria tido com o AI-5 e a censura prévia!). Perto do fim da vida, Cuíca chegou a se candidatar a vereador em Salvador, assunto um tanto nebuloso até hoje quanto às intenções sérias ou satíricas do vate. Mas a propaganda da campanha, feita nos próprios folhetos de feira — nada mais natural para o propagandista Cuíca — trouxe-lhe não só o aplauso de seus partidários, mas um grande desgosto, traduzido em versos amargos no poema A bagunça no pleito eleitoral (incluído nesta antologia). Ao perder uma eleição tão fraudulenta e corrupta, ficou o poeta desiludido, pelos menos por uns momentos, com o processo político, não só na Bahia, mas no Brasil todo. Perdeu a eleição, mas a combatividade não lhe deixou perder a batalha. Dias depois, lê-se na contracapa de outro folheto publicado:

Meus amigos: Aguardem uma edição extra A vingança do eleitorado. A maior bomba que será gravada nas páginas de nossa história! Escrita por José Gomes, Cuíca de Santo Amaro, Ele o Tal!

Wilson Lins, autor consagrado na Bahia, em recente estudo sobre o epigrama nesta cidade histórica e tão essencialmente brasileira, lamentou o esmorecimento do espírito satírico baiano. Também a lamentamos, porém recordando a pessoa de Cuíca de Santo Amaro, Ele o Tal, poeta-repórter da Bahia!

O HOMEM QUE VIROU ESQUELETO DE TANTO ESPERAR O RUÍDO DO TELEFONE

Eis aí caro leitor
Uma história original
Que passou-se a um mês
Em um pequenino arraial
Sem bonde, sem telefone
Como tem na capital.

Mas os bondes da cidade
São piores que carroça
Ou de cima, ou de baixo
Todos são a mesma joça
No mundo não há quem possa.

Fez o que bem entendeu
Conseguiu o tal aumento
Mas não deu aos empregados
Os tais cinqüenta por cento
Continuam os passageiros
Sofrendo os mesmos tormentos.

Com o aumento da passagem
Os bondes diminuíram
Transporte de meio-dia
Os despachantes engoliram
Até vários passageiros
De bondes já desistiram.

Os desastres aumentando
Vão se dando dia a dia
Morra neles, quem morrer
Não interessa a Companhia
Que sabe perfeitamente
Que os bondes não têm valia.

Zombando ela do povo
Fez agora outra pirraça
Botando os seus calhambeques
Pela ladeira da praça
Isto dentro da Bahia?...
É uma verdadeira desgraça.

O povo fica calado
Porque não pode gritar
Mesmo porque não tem
Aqui pra quem apelar
Muitos que moram longe
Tem que se conformar.

É por causa do abuso
Da linha circular
Que às vezes sai barulho
Na hora de cobrar
Porque muitos passageiros
Não querem se conformar.

De ficar duas ou três horas
À sua disposição
Esperando o condutor
A cobrar a contramão
Principalmente na hora
De se entrar no pirão.

Eles não são culpados
Isto eu posso dizer
Tem casa para pagar
Filhos para dar que comer
Por isso eu dou razão
Só voltando a trabalhar
Quando levar o contado.

É por isto meu leitor
Que aqui nesta Bahia
Todo dia tem barulho
Toda hora tem arrelia
A culpada disto tudo
É somente a companhia.

Não sabendo destas coisas
Aqui nesta capital
Chegou de Caravelas
Um pobrezinho casal
Um homem, e uma senhora
Em estado muito mal.

Não achando na cidade
Nenhuma acomodação
Falou com uma cozinheira
De uma certa pensão
A qual compadecida
A coitada deu a mão.

Porém a tal mulher
A noite piorou
O marido como um louco
Um médico não encontrou
Eram três da madrugada
Quando em casa ele voltou.

Chegando ele no quarto
Da empregada da pensão
Encontrou logo a mulher
Na mesma situação
Espichada sobre o leito
Quase com a vela na mão.

Disse ele... Santo Deus!!!
O que posso eu fazer?...
Pra livrar minha mulher
Deste tão grande sofrer?...
Ó Deus tão poderoso
Não a deixes assim morrer.

De repente ele viu
Na parede um celofane
Levantou-se ele pensando
Que fosse um microfone
Mas quando chegou perto
Viu que era um telefone.

Disse ele... Deus mandou-me
A sua eterna providência
Agora eu poderei
Telefonar pra assistência
Ou chamar um médico
Para tomar providências.

Pegou ele no gancho
Colocou sobre o ouvido
Enquanto a mulher
Dava na cama gemidos
Porém no telefone?
Nem sequer dava ruído.

Deram três, deram quatro
E meia da madrugada
A pobre da mulher
Continuava espichada
O homem no telefone
Do ouvido não largava.

A cozinheira saiu
O dia tinha rompido
Quando chegou na pensão
Os hóspedes já tinham comido
Porém o telefone?
Ainda não dava o ruído.

O homem dizia assim
A mulher está pra morrer
Telefone meu benzinho
Você queira me atender
O telefone calado
Não deu o braço a torcer.

O homem desesperado
Dizia assim... atrevido
Me responda seu moleque
Deixe de ser tão bandido
O telefone calado
Nem sequer dava o ruído.

Disse ele... desgraçado
Me tire desta agonia
Pois você não está vendo
Que é quase meio dia???
Nada meu amigo
O telefone não dizia.

Arrancou ele os cabelos
Ficou todo variado
Deu um beijo no aparelho
Ficou todo abestalhado
Botou o fone no ouvido
O telefone calado.

Até mesmo de cueca
O desgraçado ficou
Nem mesmo deste quadro
O telefone não gostou
Pois de lá de onde estava
Calado continuou.

O peste já estava
Com a boca toda torta
Largou o telefone
Foi espiar lá da porta
Viu então sobre o leito
Que a mulher estava morta.

Disse ele desvairado
Pobre da minha Letícia
Culpado da tua morte
E desta tua malícia
Foi aquele telefone
A quem vou dar a notícia.

Voltando até ao aparelho
Disse assim... que brincadeira!
Esperei pelo ruído
Não vi nada a noite inteira
Disse então o telefone
Quero ver tua caveira.

Ao ouvir a tal resposta
Que o telefone largou
O homem sem esperar
De repente se assombrou
O choque foi tão grande
Que morto no chão tombou.

Quando foram sete horas
Aí que foi o espeto!!
Quando a empregada
Chegara com um xale preto
Procurando o desgraçado
Tinha virado esqueleto.

A MULHER QUE DEIXOU O MARIDO DESARMADO

Hoje em dia é perigoso
O vivente se casar
Porque, quando a mulher
Começar a ciumar
Aguarda a oportunidade
Para poder se vingar.

O ciúme várias vezes
Faz a mulher criminosa
Pois a perversidade
Que sempre foi poderosa
Deu forças para agir
A uma certa melindrosa.

Deu-se na zona de Brotas
Este quadro bem gozado
Que até as crianças
Têm achado engraçado
Pois dentro da Bahia
Tem sido bem comentado.

A Virgínia companheira
De Mendonça eletricista
Que levava o dia em casa
A noite fazia a pista
A Virgínia furiosa
Não tirava dele a vista.

O Mendonça eletricista
Desde o berço é infeliz
Já teve três mulheres
Com nenhuma foi feliz
Deixaram ele de tanga
Pois a sorte foi quem quis.

Porém o Mendonça
Era um pouco pirata
Gostava das garotas
Não podia ver mulatas
Abria a regaleta
Quando estava com as pratas.

A Virgínia que em casa
A meses sem achar nada
Quando Mendonça saía
Ela ficava danada
Igualzinha a uma cobra
Quando está assanhada.

Um dia esta Virgínia
Ao Mendonça disse assim
Escute cá oh velhinho
Não posso viver assim
Seja torto ou aleijado
Só quero você pra mim.

Já que eu tenho dois filhos?
Você sabe que é seu
Porque outra mulher
Não possui o que é meu
Você é o meu tesouro
Foi Nosso Senhor que me deu.

Você deve pensar
Somente nos seus filhinhos
Porque outra mulher
Não terá o seu carinho
Caso isto aconteça
Eu farei meu burburinho.

Isto é um bom aviso
Que estou dando a você
Se você discrepar
Eu farei meu miserê
Sou capaz de tomar uma
E virar um Sarigüê.

Era assim neste rojão
Que a Virgínia vivia
O pobre do Mendonça
Aos pouco se aborrecia
Em vista desta e outra
Em casa pouco dormia.

Ele farto desta vida
À Virgínia disse um dia
Não me serve mais velhinha
Esta sua companhia
Porque não vai dar certo
E acaba em pancadaria.

Eu vou me separar
Porque já tenho a certeza
Pagarei a sua casa
Darei também a despesa
Vou deixar você sozinha
Com toda sua grandeza.

Já estou envergonhado
Porque estes moradores
São as próprias testemunhas
Dos meus tristes dissabores
Pois você todos os dias
Faz escândalos! Faz horrores!!!

Portanto como eu
Não posso mais suportar
Já estou bem resolvido
De você me separar
Darei a sua despesa
Vou tratar de me casar.

Isto eu não me conformo
A Virgínia respondeu
Não tem esta coroada
Que rapte o que é meu
Mendonça olhou pra ela
E nada não respondeu.

A Virgínia esbravejou
Fez uma grande explosão
Quando viu que o Mendonça
Não dava a ela atenção
Sempre fazendo a pista
Sempre no mesmo rojão.

Quando ela viu de fato
Que não achava comida
Disse alto bem raivosa
Eu estou desiludida
Porém eu vou mostrar
A qualquer uma atrevida.

Este cara do Mendonça
Ele há de me pagar
Para nunca mais dizer-me
Que vai me abandonar
Para com outra zinha
Felizmente se casar.

E assim dona Virgínia
De tanta raiva tremia
Estava furiosa
Trinta dias não comia
Em virtude deste atraso
Jurou vingar-se um dia.

Finalmente veio o dia
Da malfadada vingança
Mendonça à noite dormia
Como se fosse criança
Não pensava na Virgínia
Nem a tinha na lembrança.

Quando foi de madrugada
Virgínia se levantou
Agarrou uma navalha
No seu sapato afiou
E a cabeça do Mendonça
Rapidamente cortou.

Esta cena se passou
Com uma certa rapidez
A Virgínia segurou
Os cabelos do freguês
E cortou logo a cabeça
Pelo pescoço de vez.

Depois gritou ela
Com a cabeça na mão
Já que você não me quis
Outra não lhe terá não
Até mesmo a autoridade
Acho que me dá razão.

Dito e feito... de manhã
Ela foi para polícia
Contar mais este crime
Toda cheia de malícia
Eu matei disse Virgínia
Pela falta de carícia.

Meu marido disse ela
Na polícia ao delegado
Tinha duas três mulheres
Era muito relaxado
Por isto eu cortei
A cabeça do malvado.

Eu acho seu doutor
Que eu fiz muito bem
Agora acabou-se
Nem eu... nem mais ninguém
Matei o desgraçado
Sem ter no bolso um vintém.

Vou agora pro convento
Vou falar com a abadessa
Vou contar que eu cortei
Do meu marido a cabeça
Vou também me confessar
Para não mais aconteça.

Esta é uma lição
Para aquele que é casado
Quando for durante a noite
Deve ter todo o cuidado
Porque do contrário
O sujeito está roubado.

Quem é noivo ou está pra isto?
Não vá atrás de lorotas
Tenha muita precaução
Com moça que more em Brotas
Tome bem o meu conselho
Porque senão é patota.

Se a moda pega
Será bastante engraçado
Esta moda na Bahia
Seria mesmo gozado
Eu não sei o que seria
De muitos homens casados.

A VINGANÇA DO HOMEM DE BROTAS

Nunca mais mulher de Brotas
Quer decapitar ninguém
Quem tiver seu maridinho
Trate ele muito bem
Não se arvore a valente
Para não morrer também.

Foi por isto que a Virgínia
A mulher da navalhada
Mais ou menos sete e meia
Comeu ferro na virada
Na ladeira do Cabral
Quando ia desencalmada.

Vou passar a repetir
Por que foi que aconteceu
Por que foi que o Mendonça
Desta forma procedeu
Em vingar-se da Virgínia
Que finalmente morreu.

O povo naturalmente
Com certeza está lembrado
Que a mulher de Brotas
Com um ciúme desgraçado
Deixaria o eletricista
À noite decapitado.

Mesmo ainda sem pescoço
Muito o Mendonça sofreu
Sem cabeça o desgraçado
Muito ele padeceu
Só mesmo por um milagre
Que o Mendonça não morreu.

Não morreu o eletricista
Porque mesmo Deus não quis
Para poder se vingar
Daquela ente infeliz
Que cortara o seu pescoço
Bem rente pela raiz.

Não podia ele viver
No mundo decapitado
Com tanta mulher bonita
Na rua sempre ao seu lado
E ele lambendo os beiços
Num sofrimento danado.

Foi então que o Mendonça
Certo dia disse assim
Eu sei perfeitamente
Que já chegou o meu fim
Pois vivendo sem pescoço
Já não há mulher pra mim.

Enquanto isto a Virgínia
Vivia até flamejando
Do pobre do eletricista
Vivia ela zombando
Com cobras e lagartixas
Vivia até namorando.

O Mendonça que sabia
Da sua infidelidade
Pediu até a polícia
Por ela ter piedade
Para poder aguardar
A sua oportunidade.

Os amigos do Mendonça
Lhe davam baile a valer
O pobre do eletricista
Nada podia dizer
Às vezes envergonhado
Tratava de se esconder.

Um dia ele deitou-se
E começou a sonhar
Com o seu próprio pescoço
No seu ouvido a cantar
Mendonça meu caro amigo
Como não vai se vingar?

Você sem o pescoço?
Como poderá viver?
Me diga é Mendoncinha
Porque eu quero saber
Com tanta mulher bonita
Como é que poderá ser?

Como poderá você
Resolver esta parada
Depois que a Virgínia
Lhe deu esta navalhada
Deixando você no mundo
Completamente sem nada?

Você deve bem saber
Que ela ficou frescando
E você meu caro amigo
Foi quem ficou sobrando
Sem pescoço, estas garotas?
Vivem de você zombando.

Quando foi de manhã cedo
Que o Mendonça acordou
Com o sonho que tivera
Nem mesmo o rosto lavou
Sentou-se em uma cadeira
E desta forma pensou.

O Mendonça eletricista
Que não é uma criança
Com o sonho que tivera
Veio logo na lembrança
Ou mais cedo ou mais tarde
A tirar uma vingança.

Acontece que Mendonça
Sai um dia a passear
Na ladeira do Cabral
Veio a Virgínia encontrar
A qual o avistara
Pôs-se então a caçoar.

Começou a desfazer
A dizer o seu dichote
Disse ela que Mendonça
Escapou até da morte
Porque o desgraçado
Neste mundo era mais forte.

O Mendonça que descia
Vendo aquela desgraçada
A dizer-lhe tantas lérias
A dizer-lhe... estou vingada
Como um louco desvairado
Deu-lhe cinco punhadas.

Foi uma no pescoço
Duas sobre o coração
Eu não sei se as outras foram
Bem diretas no pulmão
Eu sei que a Virgínia
Foi direto para o chão.

Este foi o triste fim
Que teve a mulher de Brotas
Na ladeira do Cabral
Bem perto das Sete Portas
Bem na boquinha da noite
Quando as horam eram mortas.

A Virgínia bem sabia
Que o seu fim era fatal
Mas ela não pensava
Que fosse lá no Cabral
Assim que terminasse
Os festejos de Natal.

Ela que não se lembrava
Mais sequer da navalhada
Pensava que o Mendonça
Fosse ainda camarada
No dia vinte e sete
Comeu ferro na virada.

E assim D. Virgínia
Que era um caso muito sério
Com navalha, ou sem navalha
Foi direto ao necrotério
E depois pela tardinha
Foi direto ao cemitério.

Disse então o eletricista
Vendo o ato consumado
Eu te disse ó Virgínia
Quando fui decapitado
Que você não ficaria
Para outro desgraçado.

A mim não me incomodo
Jamais ir para a prisão
Só mesmo encarcerado
Em completa solidão
Que pode viver
Nesta triste situação.

Disse ainda o Mendonça
Olhando para a bandida
Que estava ensangüentada
Toda cheia de ferida
Cortastes o meu pescoço
Porém eu te tiro a vida.

E assim eis um exemplo
Para as garotas de Brotas
Quem tiver suas navalhas
Se lembrem das Sete Portas
Tratem bem os seus maridos
Ao chegar nas horas mortas.

Se lembrem do Mendonça
E tome nota em seu caderno
Que mandou lá no Cabral
A Virgínia pro inferno,
Se entender com Satanás
Lá naquele fogo eterno.

Nunca mais mulher de Brotas
Faz ciúmes do seu bem,
Nem tampouco cortará
Mais pescoço de ninguém
Quem tiver seu maridinho
Não diga que tem mais de cem.

Porque o eletricista
Que fora decapitado
Com certeza resolvera
A ir comer descansado
Depois com a Virgínia
O mesmo ter se vingado.

O CASAMENTO DO HOMEM DE BROTAS

Há males que transformam-se
Para o bem da humanidade
É como aquele caso
Lá passado na cidade
Em que a mulher de Brotas
Fora para a eternidade.

Deixara ela o marido
Um rapaz forte e bem moço
Em cima do velho mundo
Por vingança... sem pescoço
Comendo canja de galo
Mas sem descer o caroço.

Vivia o pobre coitado
Olhando boa comida
Ele de olhos compridos
Dizia... ai minha vida
Lamento ter meu pescoço
Com a espinhela caída.

Um dia estava ele
Em uma rua deserta
Quando surge uma notícia
Uma grande descoberta
O coitado sem demora
Foi saber se era certa.

Nisto surge o americano
Fazendo a sua ginástica
Fabricando bugigangas
Tudo de matéria plástica
E ele observava
A perfeição tão fantástica.

Eram cintos e pulseiras
Em desenhos lindos pentes
Tudo de matéria plástica
Que chamava pela gente
Ele olhava e dizia
Mas que coisa tão decente.

De repente disse ele:
Com certeza tem valor!!!
Suaviza a minha dor?
Não posso viver assim
Vou consultar um doutor.

Saiu de onde estava
Sem demora fez a pista
Procurou um consultório
Não sei se na Boa Vista
Um certo especialista.

Depois que ele explicara
Ao médico todo seu caso,
Disse-lhe o especialista:
Eu não sei se por acaso
Conserto o seu pescoço
Porque está em atraso.

Disse então o paciente
Que na hora estava mudo
Descobri uma matéria
Pois sou um pouco abelhudo
E sei perfeitamente
Que aquela cola tudo.

O doutor deve saber
Quero um pescoço mais forte
A mulher levou o meu
Na hora da sua morte
Mande buscar outro urgente
Lá na América do Norte.

Um pescoço é que eu quero
Pra fazer minha ginástica
Nem que venha pendurado
Com uma garganta elástica
Eu conheço muita gente
Que tem de matéria plástica.

Quero agora eu saber
Para tirar uma teima
Colocado o pescoço
Resolverei o problema?
Posso ir a cabarés
E freqüentar o cinema?

Disse o médico... eu não sei
Esta é minha verdade
Se o artigo for de fato
De primeira qualidade
Você pode se espalhar
E divertir-se à vontade.

Sendo assim está direito
Disse alegre o paciente
Com este novo pescoço
Fico forte novamente
Pois produto americano
A matéria é resistente.

Mesmo eu estou amando
A uma certa garçonete
Um pedaço de morena
Que mora lá no Salete
E se não me engano
O nome dela é Waldete.

Esta morena que eu falo
Na perna tem um caroço
Tem um bonito quadril
Que para mim é um colosso
Mas quem quer casar
Com um homem sem pescoço?

Isto é que me desgosta
Este meu grande defeito
Se a garota descobre
Ficava daquele jeito
E eu então perderia
A eleita do meu peito.

Depois que o médico
Escutou a narração
Disse a ele... não há dúvida
O amigo tem razão
Amanhã mando buscar
Um pescoço de precisão.

Enquanto ele não chega
Continue namorando
Diga à sua Dulcinéa
Que está se preparando
Enquanto o seu pescoço
Pelos ares vem voando.

Disse ele: boas falas!!
Transmitirei à pequena
Como vai ficar alegre
A minha linda morena
Quando lhe disser
Que nós vamos ao cinema?

Mais contente minha eleita
Muito breve vai ficar
Quando eu pertinho a ela
Quando formos passear
Lhe disser nos seus ouvidos
Que nós vamos nos casar.

E então com alma nova
Pagou ao médico a consulta
Por ter muito demorado
Quis até pagar com multa
Disse o médico: não aceito
O amigo me insulta.

Despediu-se então do médico
Da cadeira levantou
E saiu assoviando
E é com esse que eu vou
E no dia imediato
Nove e meia levantou.

À noitinha o nosso amigo
Estava mais animado
Só pensando no pescoço
Que ele tinha encomendado
De vez em quando dizia
Antes já tivesse chegado.

Confiando ele no médico
Foi ver sua Dulcinéia
Ao chegar foi lhe dizendo:
Tudo pronto minha tetéia
Até mesmo o padrinho
Que é Joãozinho da Goméia.

É preciso minha deusa
Que você me compreenda
Para o dia do casório
Fiz uma certa encomenda
Que vem de muito longe
De uma certa fazenda.

No dia imediato
Procura ele o doutor
Para dar-lhe a notícia
Que o objeto de valor
Já vinha pelos ares
Em um avião da Condor.

Porém este avião
Que da América partiu
Com o peso do pescoço
A asa esquerda partiu
A cabine pegou fogo
E o motor explodiu.

Ele então muito sentido
Disse assim para o doutor
Foi-se embora meu pescoço
Objeto de valor
O que direi meu caro amigo
Ao meu terceiro amor?

Vendo então tudo perdido
Concentrou o pensamento
E depois fez uma carta
Com grande constrangimento
Pedindo à sua amada
Desmanchar o casamento.

Saiba agora o meu leitor
Que esta minha sátira
Fiz em uma noite de lua
Nas cordas da minha lira
E que este casamento
Simplesmente é uma mentira.

A CHEGADA DE HITLER NO INFERNO

Quando chegou no inferno
O ditador alemão
Satanás já o esperava
Metido no jaquetão
De perneiras luzidias
E um bonito ferrão.

Hitler quando foi chegando
E olhou o ambiente
Disse para a comitiva
É verdade!... Quanta gente!...
Aqui nesta redondeza
Lá no mundo é diferente.

Se soubesse eu a mais tempo
Nunca havia de brigar
Se Satanás me dissesse
Que tinha cômodos pra alugar
A seis anos desta parte
Tinha vindo me hospedar.

Assim disse o Adolfinho
Quando chegou no portão
Satanás incontinente
Apresentou-lhe o ferrão
Obrigando ao sanguinário
Ir ao meio do salão.

Bem no meio do inferno
Voltou Hitler, e perguntou
Meu amigo Satanás
Mussolini já chegou?...
Ao ouvir esta pergunta
O Duce se apresentou.

Hitler vendo o Mussolini
Disse para o desgraçado
Tu foste o causador
De nós sermos derrotados
Mesmo eu te garantindo
Correste como um veado.

Vocês italianos
Viveram só no desleixo
Em toda parte do mundo
Sendo vasculho do Eixo
Mussolini o escutava
Sentado com a mão no queixo.

De nada adiantou
Fazer tanta artimanha
De nada me serviu
Os espiões da Espanha
Que os rádios nem ligaram
Quando invadiram a Alemanha.

Espalhei por toda parte
Toda espécie de nazistas
Espanhóis, italianos
Mesmo o chefe integralista
Todos estes espiões
Abaixaram logo a crista.

Quando Hitler terminou
Mussolini disse assim
Portugal quem botou luto
Com a queda de Berlim
Agradeça aos portugueses
E não se queixe de mim.

Sendo ela uma nação
Da real democracia
Não devia botar luto
Como botaram dois dias
Isto para os aliados
É uma grande ousadia.

Satanás que escutava
Aquela conversação
Disse para os contendores
Eis aqui a conclusão
Se Portugal botou luto
É segredo da nação.

Salazar quando chegar
Tem que dar explicação
Se ele por acaso
Fez aquilo por traição
Pagará a sua ousadia
Na ponta do meu ferrão.

Agora meus amigos
Vai começar a função
Satanás chamou Adolfo
Deu-lhe um grande cachação
Que o cara foi parar
Lá no meio do salão.

A orquestra começou
A tocar logo uma rancheira
Hitler mesmo de cuecas
Se meteu na cabroeira
Dizendo à mãe de Satanás
Tu és minha companheira.

Disse Hitler à capeta
Tu és mesmo da fuzarca
Eu só vim para o inferno
Porque estou de macaca
Só mesmo tu belezinha
Que me tira a urucubaca.

A mãe de Satanás
Disse para o ditador
Não se importe queridinho
Tu serás imperador
Meu filho já está velho
Precisa de um sucessor.

Ficou Hitler abestalhado
Que quase até desmaiou
Voltou ele a reação
Quando a capeta o beijou
Com grande contentamento
Chegou a ela e falou.

Ouça aqui minha filhinha
Fui o ditador alemão
Se tu quer casar comigo
Vou falar com o seu irmão
Eu hei de convencê-lo
A me dar a sua mão.

Sou viúva meu Adolfo
Disse a Mãe de Satanás
Já casei-me oitenta vezes
Só me resta Ferrabraz
Porque todos meus esposos
Todos deram para trás.

Disse Hitler à capeta
Não está me interessando
Haja aqui o que houver
Continuo lhe amando
Suas cadeiras roliças
Sempre venho contemplando.

Disse a mãe de Satanás
Já que estás apaixonado
Vá pedir-me ao meu filho
Que está ali sentado
Depois não se arrependa
Se não der conta do recado.

Mussolini observando
Da tampa do caldeirão
Disse dando uma gargalhada
Ao ditador alemão
Era só o que faltava
Tu casar com a mãe do Cão.

Disse Hitler aborrecido
O que é que você quer?
Eu vivi lá na Alemanha
Só correndo de mulher
Morri eu como nasci
Compreenda se quiser.

Agora no Inferno
Resolvi cair na chuva
Quero a mãe de Satanás
Porque é velha, e viúva
Vou casar-me sem demora
Porque pra mim é uma uva.

Agora vou direto
Conversar com Satanás
Vou pedir-lhe a sua mãe
Vou suplicar ao rapaz
Vou contar-lhe o meu amor
Para ver o que ele faz.

Então Adolfo Hitler
Sem nenhum acanhamento
Disse assim para o Diabo
Quero o seu consentimento
De me dar a sua mãe
Pois a darei todo sustento.

Só aqui vim encontrar
O meu verdadeiro amor
Gostei da sua mãe
Com carinho, e com calor
Depois de eu casado
Serei eu seu sucessor.

Satanás boquiaberto
Ficou até abismado
Vendo ele Adolfo Hitler
Lá no Inferno exaltado
Levantou-se da poltrona
De onde estava sentado.

Perguntou-lhe Satanás
Pra que tu quer casar?...
Se nada tu resolves
Na hora de se deitar?
Portanto a minha velha
A você não posso dar.

Além disso bigodinho
Minha velha está brincando
Homem mesmo de verdade
Minha mãe não está ligando
Quanto mais um vinte e quatro
Que sempre foi Ferdinando.

Você fique quietinho
Deixe de exaltação
Do contrário relaxado
Lhe meterei o ferrão
E ficarás eternamente
No fundo do caldeirão.

A CAPACIDADE DO GENERAL LOTT

Lá no Rio de Janeiro
Reina grande confusão
Tudo isto por quê
Por causa da sucessão
Pois o Jango e o Juscelino
Ganharam a eleição.

Os golpistas... ou por outra
A turma da mamata
Sabiam perfeitamente
Que iam perder a prata
Com certeza sentiriam
Saudade da mulata.

Receoso o Café Filho
Que era o presidente
Transferiu o seu cargo
Para um outro competente
Alegando aquele moço
Que se achava doente.

Porém os entendidos
Dizem que é conversa fiada
Que a doença do Café
Foi ela premeditada
Foi ele ao hospital
Com a mesma improvisada.

Deu-se ele por doente
Pra satisfazer os golpistas
Deixando jogar solto
A turma dos derrotistas
Como todos nós sabemos
Que são eles... os udenistas.

O Café que achara
Pesada aquela cruz
Pois a um ano carregara
A passos de avestruz
Deu parte do doente
Entregando-a ao Carlos Luz.

Então o Carlos Luz
Senhor da situação
Porque como novo
Presidente da nação
Aborreceu o Lott
Para o pedir demissão.

Porque o Carlos Luz
Fora pra ali controlado
Era ele o presidente
Mas vivia subjugado
Pelo Carlos Lacerda
E mais algum derrotado.

Então o ministro da Guerra
Amante da Constituição
A qual deixou o Getúlio
O qual está na amplidão
Disse para o Carlos Luz
Peço a minha demissão.

Porque o Carlos Luz
Fizera uma certa imprudência
Deixando no corredor
Aquela grande excelência
Uma hora do relógio
Sem lhes dar audiência.

Queria o General Lott
Homem que manda e não pede
Homem que ama a verdade
E para dizê-la não mede
Saber em que ficara
O caso do Mamede.

Nele o Carlos Luz
Novo chefe da nação
No caso do Mamede
Largara ela de mão
Eis porque o grande Lott
Pediu sua demissão.

Porém o Carlos Luz
E muito derrotado
Pensava que do Lott
Estava descansado
Mas eles não sabiam
O que estava reservado.

Calado o general Lott
Com toda calma e cadência
Vendo que a sua demissão
Era uma grande insolência
Preparou-se o general
Para tomar providência.

Reuniu ele o Exército
Como ninguém ignora
E foi de madrugada
Marchando naquela hora
Para botar do palácio
O Carlos Luz para fora.

Entrou Lott no palácio
Com um passo muito seco
O Carlos Luz quando o viu
Tratou de quebrar no beco
Dizendo com os seus botões
Vou quebrar que não sou peco.

Assim o Carlos Luz
Que se julgava poderoso
Foi deposto pelo Lott
Saindo todo medroso
Indo se refugiar
Lá no almirante Barroso.

O Lott quando o Carlos
Acabara de quebrar
Chamou o Nereu Ramos
E botou-o em seu lugar
Era o maior do Senado
Capaz para governar.

Agora caro leitor
É preciso que se note
O golpe que se tramara
E quem queria dar bote
Quem deu o golpe final
Foi ele... o general Lott.

Mostrou ele aos golpistas
Causadores de confusão
Que o Exército brasileiro
Está com a Constituição
Com a Aeronáutica e Marinha
Resolvem a situação.

Foi isto o general Lott
Homem de fibra e moral
Homem que mantém bem alto
O pendão nacional
Dará a tranqüilidade
À capital federal.

O general Lott
É homem que não se babeia
Gente grande ou pequena
Com ele cai na peia
Aquele que não gostar
Mete tudo na cadeia.

Disse ele aos golpistas
Com as forças do pulmão
Manterei a todo transe
A Constituição
Seja a baioneta
Ou a bala de canhão.

Dito isto o general
Quando deu esta notícia
Para lá no Rio
Acabar toda malícia
Também eliminou
O chefe de polícia.

Também o general
Autoridade competente
Requisitou o Café
Que se dizia doente
E depois do Café
Também deteu muita gente.

E assim para os golpistas
Desta feita foi macete
Pois o seu intento
Virou manga de culote
Pois o espírito do Getúlio
Ainda mora no Catete.

Ainda mora no Catete
E sou capaz de provar
Na matéria do Lott
Veio ele se encarnar
Para que eles os golpistas
Não pudessem se aprumar.

Ainda mora no Catete
Sou capaz de apostar
De dentro daquele recinto
Ninguém o pode arrancar
Para ajudar Juscelino
E o Jango a governar.

Pois se assim não for
A nossa democracia
Perderá para o estrangeiro
A sua soberania
A qual se transformará
Em verdadeira anarquia.

Por isto o general Lott
Homem de larga visão
Sendo o ministro da Guerra
Da nossa grande nação
Jurou perante a bandeira
Manter a Constituição.

Jurou perante a bandeira
E em sinal de respeito
Empossará a aquele
A quem lhe coube o direito
Naquela grande disputa
Que fora através do pleito.

Agora resta-nos saber
Qual será a conclusão
Se a Marinha e a Aeronáutica
Aderem à constituição
E se os candidatos eleitos
Tomarão posse... ou não.

A RETUMBANTE VITÓRIA DE JÂNIO QUADROS

No meu livro anterior
Eu disse a muita gente
Aquele que me acredita
Disto estava ciente
Que... o Jânio Quadros
Seria o presidente.

Disse ao povo brasileiro
Com minha fé duradoura
Que o povo finalmente
Teria uma mão protetora
Não era outra senão ela
A do homem da vassoura.

Disto eu tinha a certeza
E plena convicção
Expliquei ao povo
Deste sagrado torrão
Porque o Jânio seria
Presidente da nação.

Eu que sempre amei
Minha pátria gloriosa
Digo-vos que Jânio Quadros
Tem força poderosa
Além disto o acompanha
Uma estrela luminosa.

Embora o Jânio Quadros
Tenha qualquer defeito
Como incapacitados
Digam por despeito
É preciso que se diga
Quem é bom já nasce feito.

Quem é bom já nasce feito
Quem quer se fazer não pode
É preciso que se diga
A muito cara de bode
É por isto que no mundo?
Muita gente! se... sacode.

É preciso que se saiba
Que Jânio ao nascer
Disto o próprio Jânio
Poderá se engrandecer
Porque veio ao mundo
Somente para vencer.

Com carinho, com amor
Ingressou na política
Conquistando a confiança
Do homem trabalhador
Foi o Jânio Quadros
Eleito vereador.

Com o seu dinamismo
E requintada moral
Foi o Jânio Quadros
Subindo ao pedestal
Isto é!... eleito
Deputado estadual.

Se revelando a contento
Na Câmara estadual
O povo que é o juiz
Com seu voto imparcial
Fizeram do Jânio Quadros
Deputado federal.

O povo que via o Jânio
Fazer tudo em seu proveito
Isto é... dar ao mesmo
Aquilo que tinha direito
Fizeram o Jânio Quadros
De deputado a prefeito.

Todos os brasileiros
Aqueles que têm crânio
Aqueles que na cabeça
Têm um pouco de cetâneo
No Brasil de ponta a ponta
Todos gostaram do Jânio.

Tanto gostaram do Jânio
O homem trabalhador
Que São Paulo, do Brasil
O verdadeiro motor
Fizera do Jânio Quadros
O seu governador.

Em sessenta o eleitorado
Com seu voto consciente
Para que o Brasil
Se tornasse independente
Resolveu fazer do Jânio
Seu legítimo presidente.

A máquina do Brasil
Precisava ser desmontada
Desde mil novecentos e trinta
Estava enferrujada
Agora em sessenta
Precisava ser vasculhada.

O Brasil vivia sujo
Desde o seu descobrimento
No meio das outras nações
Vivia sempre nojento
Você me responda!
Isto tinha cabimento?

Não!... gritou o povo
Com sua fé duradoura
Vamos passar no Brasil
Uma boa vassoura
A qual nos seja sempre
Fiel!... e protetora.

Se puseram os brasileiros
A gritar em altos brados
Nunca nenhum deles
Se achou enfadado
Desta vez votaremos
Somente em Jânio Quadros.

Nas mãos de Jânio Quadros
Está ela... nossa sorte
Nas mãos de Jânio Quadros
Que tem espírito forte
Está finalmente
A salvação do Norte.

E assim em três de outubro
O povo nordestino
Em mãos de Jânio Quadros
Pôs então nosso destino
Com fé e confiança
Neste grande paladino.

O povo compreendeu
Que era hora de mudar
Quem vivia a sofrer
Quem vivia a penar
Com a arma do voto
Resolveu se vingar.

O povo que vivia
Nas garras da opressão
Aguardou tranqüilamente
O dia da eleição
Para votar no Jânio
Candidato da oposição.

Muita gente na Bahia
Como lá no interior
Votara contra Jânio
Contra Jânio o vencedor
Com intuito de se vingar
Do nosso governador.

Mesmo com tal vingança
Ao governo não consome
Pois Jânio em todo Brasil
Sufragaram seu nome
Aquilo que era dele
Jamais o bicho come.

O marechal Teixeira Lott?
Não poderia ganhar
Mesmo tendo o candidato
Uma honestidade sem par
Está bem entrosado
Para dirigir militar.

É um candidato nobre
Inteligente e honrado
O seu nome na história
Jamais fora maculado
Para dirigir a nação?
Não está bem entrosado.

Por isto os brasileiros
Tomaram a resolução
De votar em massa
Para dirigir a nação
Nele... Jânio Quadros
Candidato da oposição.

Os lotistas com a derrota
Ficaram apavorados
Aqueles que viviam
Em palanques repimpados
Hoje vivem cabisbaixos
Tristes, envergonhados.

Aqueles que fizeram
Promessas e apostas
Junto ao Juscelino
Com todas as suas amostras
Com a derrota de Lott
Todos caíram de costas.

Hoje... dentro do Brasil
Fazem um grande berreiro
Principalmente aquele
Que perdeu o seu dinheiro
Está fulo de raiva
Com a vitória do vassoureiro.

E assim, lá em Brasília
Acabou-se a feijoada
Pois os seus promotores
Bateram em retirada
Porque vai o Jânio Quadros
Pro palácio da Alvorada.

Agora compete a Jânio
Depois que se elegeu
Se lembrar do nortista
Do povo que tanto sofreu
Jânio deve se lembrar
Daquilo que prometeu.

JÂNIO QUADROS E AS SUAS...

O povo brasileiro
Sempre foi infeliz
Este é um grande moral
Que tem este país
Quem diz não sou eu
O próprio censo é quem diz.

É como disse há séculos
Um profeta estudioso
Disse ele a outrem
Que neste mundo mentiroso
Segundo a profecia
Pobre vive de teimoso.

Disse mais o profeta
Com o seu imenso saber
Com a sua sabedoria
E no seu entender
Que o pobre neste mundo
Só veio para sofrer.

Disse aquele profeta
Conhecedor da matéria
Que o povo brasileiro
Em torno da sua artéria
Neste século passaria
Vexame... fome... miséria.

E o povo brasileiro
Vê então de dia a dia
Principalmente o pobre
Residente na Bahia
Vê se concretizar
Esta grande profecia.

O povo brasileiro
Vive entregue à sua sorte
Principalmente aquele
Que reside cá no Norte
Vive abandonado
Pois a lei é do mais forte.

Restava-nos uma esperança
Tínhamos uma fé duradoura
Julgávamos que teríamos
Uma mão protetora
Que era o Jânio Quadros
O homem da vassoura.

Tínhamos nós a certeza
E plena convicção
Pensávamos que nossa sorte
Estivesse em suas mãos
Quando fosse ele
Chefe da nação.

O povo brasileiro
Fez uma grande corrente,
No dia três de outubro
Com seu voto consciente
Fez o Jânio Quadros
O nosso presidente.

Quando o Jânio começou
A guiar nossos destinos
Para se destacar
De políticos ladinos
Se pôs no Brasil
A cometer desafinos.

No começo Jânio Quadros
Eleito presidente
Achando absurdo!!!
E contraproducente
Dos seus empregos
Exonerou muita gente.

Disse o Jânio Quadros
Que tomou esta resolução
Porque o Brasil
Deve um dinheirão
Ele pretende pagar
A dívida da nação.

Disse ele que precisa
Economizar muito dinheiro
Que precisa apertar
O povo brasileiro
Pois o nosso Brasil
Deve muito ao estrangeiro.

Em vez de emitir verba
Imitando seu abrolho
Aumentou o Jânio Quadros
O preço do petróleo
O preço da gasolina
E o preço do óleo.

Para que o Brasil
Levantasse a sua moral
E perante as nações
Ficasse no pedestal
O presidente Jânio Quadros
Decretou a lei cambial.

Depois do tal decreto
Foi aquilo que se viu
O eixo do Brasil
Parece que se partiu
Pois o custo de vida
Assustadoramente subiu.

Há quem diga que o Jânio
No Brasil é um perigo
Que do pobre abandonado
Tornou-se seu inimigo
Isto é!... com pouco tempo
Subindo o preço do trigo.

E assim no Brasil
Reina grande confusão
O pobre... o operário
Vive em grande aflição
Pois é quem tem que pagar
A dívida da nação.

Enquanto o Jânio Quadros
Permanece em seu posto
Entre o povo humilde
Reina grande desgosto
Pois tudo tem que pagar
Com o suor do seu rosto.

Dentro do Brasil
Aumentou a exploração
O preço do transporte
Da carne... do feijão
E para maior agonia
Subiu o preço do pão.

Ainda o Jânio Quadros
Com a sua inteligência
Com a sua argúcia
Com a sua competência
Diz ao povo que isto
É uma experiência.

Diz ele ao povo
Que tudo pode subir
Que a dívida da nação
Que souberam contrair
Que ele a pagará
Antes dele sair.

O Jânio talvez não saiba
Que através deste mundo
O nosso imenso Brasil
Que sempre fora profundo
Deve muito! desde os tempos
De D. Pedro segundo.

Enquanto houver usura
A ganância perdurar
A dívida da nação
Ninguém a pode pagar
Com tantos gananciosos
Só poderá aumentar.

É como diz a modinha
É como aquela receita
Estas duas sugestões
É como se fosse uma seita
O "pau" que nasce torto
Jamais!! nunca endireita.

É como o nosso Brasil
Que cansam de governá-lo
É' como o nosso Brasil
Que muitos vivem a treiná-lo
Por mais força que faça
Não conseguem endireitá-lo.

Não existe presidente
Que faça sacrifício
E queira fazer
Ao pequeno... benefício
Que por falta de tempo
Não termine no hospício.

Talvez o Jânio Quadros
Consiga o seu intento
Talvez o Jânio Quadros
Que provocou tanto aumento
Consiga dar ao Brasil
O seu soerguimento.

Talvez o Jânio Quadros
Seja mais feliz
Talvez ele consiga
Cortar o mal pela raiz
Pagando em pouco tempo
A dívida do país.

Talvez consiga o Jânio
Pagar este dinheiro
Dinheiro que outrem
Tomou ao estrangeiro
Com o suor
Do povo brasileiro.

Este povo brasileiro
Que reside cá no norte
Estes pobres operários
Que elegeram um homem forte
Os quais se vêem hoje
Entregues à sua própria sorte.

Para o povo brasileiro
Peço a Deus o seu amparo
Para o Jânio Quadros
E aqueles que lhe são caros
São os votos sinceros
Do Cuíca de Santo Amaro.

A POSSE DE JANGO GOULART

Para que ao Brasil
Voltasse a tranqüilidade
Para bem do povo
E da coletividade
Venceu a democracia
Venceu a legalidade.

As forças militares
Que têm larga visão
Garantiram a paz
Respeitaram a Constituição
Evitando derramar
O sangue do seu irmão.

Civis e militares
Num gesto consciente
Resolveram dar posse
Ao vice-presidente
Para que o Brasil
Ande sempre para a frente.

Aqueles que não queriam
Chegaram à realidade
Olharam para um Deus
Que está na eternidade
Como bons brasileiros
Aderiram à legalidade.

Aqueles homens que têm
Um são patriotismo
Aqueles que amam a pátria
E adoram o civismo
Fundaram no Brasil
O parlamentarismo.

Fizeram do Jango Goulart
Presidente da nação
Sem precisar de fuzil
Sem precisar de canhão
Aumentaram a Carta Magna
E a Constituição.

O parlamentarismo?
Segundo observadores
É ele contrário
Aos nossos trabalhadores
Tira o direito
Dos nossos eleitores.

O parlamentarismo?
Dentro da nação
Segundo entendidos
Que chegaram à conclusão
Tira a força
Do presidente da nação.

De que serve ser presidente
Para outro governar?
Quem controla é o parlamento
E não o Jango Goulart
Tiraram até do povo
O direito de votar.

O senhor Jânio Quadros
Com as suas confusões
Com os seus bilhetinhos
E atrapalhações
Deixou ao povo brasileiro
Mais reivindicações.

O parlamentarismo no Brasil
Só poderá interessar
Exclusivamente
Para quem é parlamentar
Quem disser que é mentira
Pergunte ao Jango Goulart.

A Câmara, o Congresso
Fizeram uma aliança
Para cessar a crise
Para acabar a lambança
Com o Jango Goulart
Dividiram a governança.

Com este novo processo
No Brasil adotado
Fica a Constituição
A Carta... tudo alterado
E o povo brasileiro
Um pouco escravizado.

Eu lendo minunciosamente
A Sagrada Escritura
Vi através
Daquela literatura
Que a nova lei
É uma pequena ditadura.

Para que o povo
Não fique escravizado
Este mesmo povo
Merece ser consultado
Pelo Jango Goulart
O qual se acha empossado.

Pois parlamentarismo?
É um caso muito sério!
Deve-se escolher
Para formar o ministério
Homens de vergonha
De sentimento e critério.

E nunca elementos
Que só desejam a posição
Para usufruir
O dinheiro da nação
Como muitos fazem
Durante a sua gestão.

Parece-me que o Jango Goulart
Para livrar imprevistos
E para se reguardar
De golpes sinistros
Se acha cercado
Por grandes ministros.

De ministro que cumpra
Com as suas obrigações
De ministros que honrem
As suas tradições
Os quais dêem ao povo
As suas reivindicações.

Enquanto se arruma a casa
É dever do presidente
Para pôr os pontos nos is
Conservar esta gente
Continuar com a tal lei?
É contraproducente.

O Brasil caro leitor
Desde o seu descobrimento
Sempre foi dirigido
Por homens de sentimento
Dentro da ética
Sem precisar parlamento.

O Brasil sempre teve
Seu legítimo presidente
Eleito pelo povo
Brasileiro legalmente
Pelo voto supremo
Livre... independente.

Hoje no presidente
Do Brasil com o modernismo
A nova lei pusera
o mesmo, um mecanismo
Uma nova lei
Chamada parlamentarismo.

Parlamentarismo é uma coisa
Que vos digo sem rodeio
Dentro da Constituição
Vos digo sem receio
Para um presidente?
É uma espécie de freio.

É uma lei bossa nova
Recentemente criada
Por elementos finórios
Muito bem arquitetada
Onde o voto do povo
Agora não vale nada.

Com este novo decreto
Que muitos o acham bonito
O povo que há muito
Dá o seu voto contrito
Só poderá votar
Se houver plebiscito.

Porem este plebiscito
Agora não tem vez
Porque caro leitor
Com a nova lei que se fez
Só poderá o plebiscito
Ser em sessenta e seis.

Oxalá que esta lei
Que puseram em evidência
Seja uma lei honesta
Uma lei de consciência
Para bem do povo
E da nova presidência.

Que os homens se unam
Que ninguém seja viril
Que os políticos conservem
O seu porte varonil
Que todos cooperem
Para a grandeza do Brasil.

Que o povo brasileiro
Tenha o direito de votar
Que um só presidente
É quem deve governar
A lei parlamentarista
Não deve perdurar.

Peço sempre em minhas preces
Ao grande padroeiro
Que ajude e proteja
O povo brasileiro
E que sempre em meu bolso
Nunca falte dinheiro.

Aos nossos dirigentes
Deus há de nos ajudar
Para que os mesmos possam
Fazer o Brasil prosperar
Principalmente ao presidente
Chamado Jango Goulart.

PORQUE CANDIDATEI-ME PARA VEREADOR

É da minha obrigação
Explicar ao eleitor
E ao povo humilde
Honesto... trabalhador
Por que candidatei-me
Para ser vereador.

É preciso explicar
A realidade dos fatos
A vinte e oito anos
Trabalho eu, sem contratos
Para muitos candidatos.

O povo é testemunha
E não me deixará mentir
Já fiz com os meus versos
Muita gente subir
Incentivei as massas
A esta gente o aplaudir.

Os oportunistas
Refinados embromadores
Aproveitaram os versos
Do maior dos trovadores
Para captar
Os votos dos eleitores.

Depois que muitos vêem
Os seus nomes sufragados
Dizem que os votos
Por eles foram comprados
Por isto eles deixaram
O eleitor abandonado.

Nos eleitos desaparece
Todo e qualquer sentimento
Eles que fazem
Ao povo o seu juramento
Jamais se incomodam
Com o seu atroz sofrimento.

Desaparece a vergonha
Desaparece a moral
Desaparece o critério
Fazem o seu Carnaval
Aos eleitos pelo povo
Interessa o vil metal.

Muitos só desejam
Galgar o apogeu
Depois se esquece
Daquilo que prometeu
Principalmente do povo
Do povo que o elegeu.

E assim permanece
O povo abandonado
Pois o seu representante
O deixa desprezado
Durante a sua gestão
Ganha o dinheiro calado.

É o que sempre acontece
Depois da eleição
Fica o povo sem ter
Quem lhe dê a proteção
E sem nunca encontrar
A tábua da salvação.

Por isto quando eu vi
O povo abandonado
Pelos tubarões
Sendo masssacrado
Tornei-me sem pergaminho
Deste povo o advogado.

Por causa deste povo
Muito tenho sofrido
Por defender o povo
Sempre fui perseguido
Com toda perseguição
Tenho tudo combatido.

O povo bem conhece
Que não sou um traidor
Há anos que defendo
Ao ente trabalhador
Por isto candidatei-me
Para ser vereador.

Tenho descoberto
Muita e muita bandalheira
Muito conchavo
Muita ladroeira
Comigo não tem bronca
Sapeco-lhes a madeira.

Como trovador
Cumpro com o meu dever
Ao povo massacrado
Eu hei de defender
Goste quem gostar
Doa em quem doer.

Eu digo a quem quiser
Que pode achar ruim
Não perderei a confiança
Que o povo tem em mim
Jurei defendê-lo!
E irei até ao fim.

Sou homem desassombrado
Sem ter medo de careta
Não pensem que ninguém
Me prende em sua gaveta
Quem assim o tentar
Sapeco-lhes a caneta.

Agora... se os meus amigos
Quiserem me eleger
Na Câmara municipal
Muita gente há de ver
Que a pamonha
Ali tem que endurecer.

Direi antes de tudo
A muito camarada
Que não vou em prosa
Nem em conversa fiada
E nem me conformo
Tampouco com marmelada.

Com o meu desassombro
E a minha grande raça
Como nunca tive
Medo de ameaça
Quem não andar direito
Tem que subir na fumaça.

O escritor Jorge Amado
A quem rendo-lhe homenagem
Através do livro
Fez vasta reportagem
Enaltecendo o meu talento
E a minha grande coragem.

O professor José Lima
Lente da faculdade
Transcreveu os meus versos
Com a sua intelectualidade
Dizendo para o mundo
A minha capacidade.

A revista O cruzeiro
Fez-me a maior cortesia
Através dos seus repórteres
Os quais me têm simpatia
Publicou os meus retratos
E a minha biografia.

O meu saudoso Getúlio!!!
Quando estava na gestão
Como meu compadre
Como amigo como irmão
Através de telegramas
...... de me dar a mão.

Por isso sempre fui
O seu amigo fiel
Verti muitas vezes
Por ele a taça de fel
Esta é a verdade
Que digo neste papel.

Porém quando mataram
O nosso protetor
Quando muito protegido
Se tornara traidor
Jurei defender
O homem trabalhador.

Por isto continuo
Firme e sem temor
Como o povo sabe
Que eu sou seu defensor
Exigiram que eu me
Candidatasse a vereador.

Eu digo a este povo
Que não deve recuar
Chegou a oportunidade
Do povo se vingar
De muito candidato
Que o vive a marretar.

A BAGUNÇA NO PLEITO ELEITORAL

Vocês viram a bagunça
No pleito eleitoral?
Dizem que a culpa
Coube ao tribunal
Pelo que desenrolou-se
Aqui na capital.

Primeiro... sua excelência
Digo eu... o tribunal
Como nós sabemos
Sempre foi o maioral
Quase todo o eleitorado
Botou-o na escola normal.

Em seguida o tribunal
Tomou a resolução
De botar numa base
Digo em cada seção
De quatrocentos eleitores
Para a dita votação.

Depois em vez de urna
Arranjou uma mochila
Com uma boca tão pequena
Parecendo a de um gorila
Essa é a verdade
Pois minha pena não cochila.

Depois o tribunal
Onde tem homens corretos
Indicou mesários
Alguns amigos diletos
Outros como vimos
Refinados analfabetos.

Também em várias seções
Tinha juízes finórios
Elementos preparados
Digo eu... em bolodórios
No meio de otários
Metidos a sabidórios.

Muitos destes juízes
Chegou a meter pavor
Pois iam para a cabine
Com o besta do eleitor
Isto é... na presença
De todo espectador.

A mesa indicada
Por sua senhoria
Com a sua sapiência
E a sua sabedoria
Chegou à escola normal
Às dez horas do dia.

E assim em um ambiente
De grande agitação
Ou dizendo melhor
De grande confusão
Na escola normal
Começou a votação.

Algum mesário
Nem sequer se empenhava
Nem mesmo aos eleitores
Muitos deles não ligavam
Aquela descortesia
Gradativamente irritava.

Como candidato?
Digo... me apavorei!!!
De ver tanta bagunça
Me arreneguei
Às três da madrugada
Foi a hora que votei.

Foram as senhas distribuídas
Com toda a inteligência
Porém quem as distribuía
Com a sua impertinência
Só chamava aqueles
Da sua preferência.

E assim por causa
De alguém da vida torta
Cresceu no meio
Do eleitor a revolta
Tanta descortesia
Jamais ninguém a suporta.

Porem também a culpada
Desta revolta imoral
Em derredor
Desta nossa capital
E' a reforma
Da nova lei eleitoral.

Porque caro leitor
É mesmo de amargar
Como a nova lei
Que alguém foi inventar
O eleitor tem
Duas vezes que votar.

A tal cédula única?
Só serve para atrapalhar
Porque como se
Pode constatar
Digo... o eleitor
Ainda não sabe votar.

Os semi-analfabetos
Com esta inovação
Digo... a cédula única
Na hora da votação
Como é natural
Só podem fazer confusão.

Em cinqüenta e oito
Foi o que aconteceu
Em várias seções
Onde ela apareceu
Entre eleitores e mesários
Muitas vezes o pau comeu.

E tinha muita razão
De isto acontecer
Pois muitos eleitores
Estavam sem comer
E não tinha água
Sequer para beber.

Enquanto o eleitor
Sofria fome e agonia
A chamada das senhas
Em grande monotonia
Numa marcha lenta
A mesma prosseguia.

Nisto no meio do povo
Surgiu a reação
O presidente da mesa
Suspendeu a seção
Querendo que o povo
Evacuasse o salão.

Porém a turma de pé
Em infernal gritaria
Transformando a seção
Em verdadeira anarquia
Como ostra no rochedo
Do local não saía.

Então o presidente
Que não podia trabalhar
Como aquela gente
Não parava de gritar
Só achou um meio
A polícia requisitar.

Em menos de meia hora
Quase em toda seção
Surge ela!... a P. E.
Pra sanar a confusão
Armada de fuzil
Metralhadora... na mão.

Mandou a polícia que
Evacuassem o salão
Para que o presidente
Da referida seção
Fizesse a chamada
Para a tal da votação.

Entrementes pelo chão
Entre os mais exaltados
Vi com os meus olhos
Estarem sendo pisados
Mais de quinhentos
Títulos rasgados.

Muita mãe de família
Com o seu filho a chorar
Saiu estarrecida
Já à noite sem votar
Dizendo que aos filhos
Precisava amamentar.

Vi fome, sede,
Entre o grande eleitorado
Vi muito voto
Também sendo violado
Também vi muito
Eleitor degenerado.

Eleitor degenerado
Que se troca pelo cobre
Vende a sua consciência
A muita gente nobre
Estes ambiciosos
Não votam pra gente pobre.

Todas estas cenas
Eu pude observar
Depois a mim mesmo
Me pus a perguntar
Meus Deus!!! por que eu
Fui me candidatar?

Para dizer ao povo
Em tom confidencial
Quem teve a culpa
Do pleito eleitoral
Digo... da vergonheira
Aqui nesta capital.

Foi a cédula única
Ora em questão
A causa da balbúrdia
A causa da confusão
Resta-nos saber
Quem ganhará a eleição?

QUEM TEM INIMIGOS NÃO DORME

Muita gente tem vontade
Que a polícia me encane
Acho eu muito possível
Que esta gente se engane
Pois sempre estou mais forte
E tão firme como arame.

Publicaram nos jornais
Que sobre a polícia escrevi
Em virtude deste ato
Da capital eu fugi
Mas estava em Santo Amaro
E agora estou aqui.

Digo aos meus perseguidores
Que isto não se faz
Nunca fugi da Bahia
E nem fugirei jamais
A polícia mesmo sabe
Que sempre tive cartaz.

Com a polícia eu conto
Sempre pra me defender
Portanto contra ela
Não poderei escrever
Digo aos meus perseguidores
E pra quem quiser saber.

Aos gananciosos
Os que deram a tal notícia
Me parece que eles têm
O retrato na polícia
De tão velho na parede
Já criou até malícia.

Se quem deu a tal notícia
Foi alguém da UDN
Deve saber muito bem
Que o Cuíca não teme
E os seus versos continuam
Sempre firmes como um leme.

Se foram os meus colegas
Os tais meus concorrentes,
Digo e torno eu a dizer
Confio no presidente
No novo interventor
E na polícia somente.

Por isto ando na linha
Sem temer aos inimigos
Sei escrever o que quero
Garanto sempre o que eu digo
E lá na própria polícia
Hoje em dia tenho amigos.

Enquanto eu vida tiver
Seja ou não na capital
Cuíca de Santo Amaro
Sempre foi e é o tal!!
No duro da cebola
Isto é muito natural.

Somente pra matar
A turma de invejosos
Que são somente no mundo
Cambadas de mentirosos
Que só vivem praticando
Os papéis indecorosos.

A inveja já é tanta
E é tamanha a ambição
Que não posso andar na rua
Com tanta perseguição
Só quero que eles deixem
Também ganhar meu tostão.

Os olhos já são tantos
Que botam em mim esta gente
Só porque eles conhecem
Que eu sou inteligente
Estou sempre em dia
Sempre firme no batente.

Todo dia ando dizendo
Sou pobre mas sou direito
Leio sempre qualquer livro
Sei descobrir seu defeito
Porque... quem é bom
Do berço já veio feito.

E eu a muita gente
Há anos tenho provado
Escrevo tudo direito
Sem nunca ter estudado
Isto tem afirmado
O escritor Jorge Amado.

De São Paulo ele mandou-me
Um bom livro para mim
Com todas as minhas obras
Eu vos digo tudo enfim
Bahia de Todos os Santos
Terra do senhor do Bonfim.

Muita gente então vendo
O cartaz que ele me deu
Deste dia para cá
A usura mais cresceu
Me disse um pai de santo
Que a anos me protegeu.

Porém eu tenho fé
Na divina providência
Peço sempre ao pai divino
Protejei minha existência
E a minha grande estrela
Que é a minha inteligência.

Ninguém está escapo
Nem livre de falsidades
Pois se a ignorância
Habita em toda cidade?...
Isto não é censurável
Pois é a expressão da verdade.

Eis porque estes versos
Neste livrinho escrevi
Pois compraram um jornal
Sobre as colunas eu li
Alguém tinha informado
Que para bem longe eu fugi.

Como versejador
Faço declaração
Eu estava em Santo Amaro
Pois lhe tenho devoção
À Nossa Senhora
Virgem da Purificação.

Para alguém não dizer
Que eu estava escarreirado
Eu lancei a bomba atômica
Pra ficar desmascarado
E tem mais outra coisa
Este livro é carimbado.

Continuo na defesa
De todos os meus direitos
Escrevendo os meus versos
Com toda ordem e respeito
Pois tenho a minha família
E quero tudo direito.

Vinte anos desta parte
Que eu vivo nesta luta
Escrevendo vários fatos
Com a minha pena batuta
Afirma Getúlio Vargas
E o general Gaspar Dutra.

Já passei decepções
Já fui vítima de intrigas
Já sofri mesmo o diabo
Já passei muitas fadigas
Só por causa da família
Que não passa com cantigas.

Eu já tive alguma coisa
Para a hora do perigo
Eu já tive camaradas
Que jantavam até comigo
Hoje meu caro leitor
Só o bom Deus é o meu amigo.

Sei que sou muito invejado
Não preciso que me informe
Aqui dentro da Bahia
A ursarada é enorme
E eu já ando ciente
Quem tem inimigos não dorme.

Julgam eles com certeza
Que me tiram do gramado
Se eles estão pensando
Estão tomando bonde errado
Porque vão terminar
É ficando avacalhados.

Porque eu não desisto
Nem desistirei jamais
Podem até fazer feitiço
Para eu dar para trás
Poderei ficar doente
Mais não perco o meu cartaz.

O povo é sabedor
Que eu tenho competência
Desafio qualquer um
Porque tenho inteligência
Verso leve, ou pesado
Eu escrevo com cadência.

A minha inteligência
É o meu maior tesouro
Foi o bom Deus quem me deu
Em uma caixinha de ouro
E no sonho ele me disse
Pra eu não ouvir desaforo.

É por causa deste sonho
Que eu ando prevenido
Por causa da minha audácia
É que eu ando perseguido
Porém sempre escrevendo
Os meus versos destemidos.

Novamente digo eu
Não preciso que me informe
Eu sei perfeitamente
Que a ursarada é enorme
É por isto que eu digo
Quem tem inimigos não dorme.

FOLHETOS DE CUÍCA DE SANTO AMARO

A César o que é de César
Água na Bahia é manga de colete
O aumento da carne verde
A bagunça no pleito eleitoral
O baile do ziriguidum terminou em cacete
O bicheiro que matou o conferente
A bronca na casa do jogo ao Gravatá no 8
O câmbio negro e as misérias na Bahia
A capacidade do general Lott
Carlos Lacerda e suas diabruras
O carnaval da bandalheira
O carnaval da descaração
O casamento do homem de Brotas
O caso da piaçava em Jaguaripe
A chegada de Getúlio na Bahia
A chegada de Getúlio no céu
A chegada de Hitler no inferno
A chegada de Mussolini no inferno
A chegada de Stalin no inferno
O crime no Palace Hotel
David Nasser versus Brizola
O dentista que arribou com a mulher de Luíz
Descaração nas praias
As despedidas de Juracy

A destruição da humanidade
Deus no céu e Getúlio na terra
O discurso de Carlos Prestes
A discussão da carne verde com o pão
A discussão da águia com o burro
A discussão da gripe asiática com o atum
A discussão de Cuíca de Santo Amaro com Rodolfo
Coelho Cavalcante
Dívida de funcionário nunca termina
Ele voltará!!!
O escândalo no quilômetro 4
O escravo que comeu o Sinhô
O espírito de Getúlio baixou na sessão!!!
O ex-prefeito que mordeu o sacerdote
O fechamento do jogo do bicho
As feras de Peri-peri
A festa do torrado em Catu
O fiscal que prendeu o "jegue" dentro do açougue
O frade que metralhou o "jegue" em Esplanada
Garotas que andam sem camisa e sem cueca
A grande explosão no barracão de fogos
A grande feira
A grande tragédia em Peri-peri
A greve da circular
O homem das 16 mulheres
O homem que casou com outro e comeu ferro
O homem que enlouqueceu dentro da igreja
O homem que morreu pedindo
O homem que pariu...
O homem que tomou 16 pontos no fundo do armazém
O homem que virou esqueleto de tanto esperar o ruído
do telefone

O incêndio no trapiche do Porto
Jânio Quadros e as suas...
O Jegue que comeu o pão da moça
O Jegue que fez um comício em Nazaré
Juracy e a carne verde
A luta da carne verde
O menino que nasceu pedrês
Os milagres de Nossa Senhora das Candeias
A moça que mordeu santo Antônio
O monstro da ilha da Maré
O monstro de Amaralina
O monstro de Nazaré
O monstro que tocou fogo no circo
A morte de Eva Perón
A mulher dos doze maridos
A mulher que adulterou o esposo
A mulher que deixou o marido desarmado
A mulher que deu à luz a um monstro
A mulher que mordeu o marido pensando ser João Dória
A mulher que morreu no "tira-gosto"
A mulher que virou raposa
O namoro dos políticos com Carlos Prestes
O namoro no cinema
Olhe Cosme e Damião
O que a cigana disse ao brigadeiro
O que dizem da estação rodoviária
O que dizem da polícia
O que dizem das Casas Ernesto
O que dizem do professor Rudy e da madame Tânia
O que houve com dona Júlia
O padre que enterrou o cavalo dentro da igreja
O pau comeu na invasão

Plínio Salgado e o galinheiro
Políticos demagogos e homens sem palavra
Por que candidatei-me para vereador
Por que fecharam O momento
Por que o povo quer o Plínio Salgado
O português e sua marmelada
A posse de Jango Goulart
A posse de Juracy Moscoso e Heitor Dias
Prefeitura versus ambulantes
Presente de aniversário
Quem matou o motorista em Nazaré das Farinhas?
Quem tem inimigos não dorme
O regresso de Getúlio
A retumbante vitória de Jânio Quadros
A revolução na Argentina
Salve ele!
Salve Getúlio Vargas
O sururu na federação de desportes terrestres
Sururu na prefeitura
O Sururu no largo da Sé
O testamento de Getúlio
O veado que matou o caçador
A vingança do homem de Brotas
Virgildásio x Jorge Calmon
A vitória de J. J. ou a vitória de um morto
A vitória de Virgildásio Sena
A viúva marreteira
A viúva que casou com véu e grinalda
A volta de Getúlio ou A marcha triunfal

BIBLIOGRAFIA

ALMEIDA, Atila Augusto F. & SOBRINHO, José Alves. Dicionário biobibliográfico de repentistas e poetas de bancada. João Pessoa, Universitária, 1978.

———. "José Gomes". In: Dicionário biobibliográfico de repentistas e poetas de bancada, João Pessoa, Universitária, 1978.

AMADO, Jorge. Bahia de todos os santos. 22a. ed., São Paulo, Martins, 1971.

———. Pastores da noite. 11a. ed. São Paulo, Martins, s.d.

———. Tenda dos milagres. São Paulo, Martins, 1969.

———. Tereza Batista cansada de guerra. São Paulo, Martins, 1972.

BATISTA, Francisco das Chagas. Cantadores e poetas populares. João Pessoa, Livraria Popular, 1929.

BENJAMIN, Roberto. Folhetos populares: Intermédios no processo da comunicação. Recife, Universidade Católica de Pernambuco, 1968.

"CAFONICE, picardia e glória, a estória de José Gomes, o Cuíca de Santo Amaro o Tal". Tribuna da Bahia Salvador, 29 nov. 1969.

CALMON, Pedro. A história do Brasil na poesia de seu povo". Rio de Janeiro, A Noite, s.d.

"NO CANTOdos trovadores a voz rasgada do povo. Correio da Bahia, Salvador. 9 fev. 1979.

CARVALHONeto, Paulo de. Historia del folklore iberoamericano. Santiago de Chile, Editorial Universitaria, 1979.

CASCUDO, Luís da Câmara. Vaqueiros e cantadores. Porto Alegre, Globo, 1939.

CAVALCANTE, Rodolfo Coelho. Cuíca de Santo Amaro o poeta popular que eu conheci. Salvador, Biblioteca Central do Estado da Bahia, s.d.

CORDEL3. Teatro Vila Velha, nov.-dez. 1973, realização do Teatro Livre da Bahia.

COQUEIJO, Carlos. "Cuíca". In: Mais dia, menos dia. Salvador, Itapuã, 1972.

COSTA, Adroaldo Ribeiro. "Cuíca de Santo Amaro". Jornal da tarde, Salvador, 25 jan. 1974.

"CUÍCAde Santo Amaro". Jornal da Bahia, Salvador, s.d.

"CUÍCAde Santo Amaro morreu". Salvador, A tarde, 24 jan. 1964.

"CUÍCAmorre". Diário de notícias, Salvador, 24 jan. 1964.

CURRAN, Mark J. Cuíca de Santo Amaro: Poeta-repórter da Bahia. Salvador/Rio de Janeiro, Fundação Casa de Jorge Amado, 1990.

———. História do Brasil em cordel. São Paulo, Edusp, 1998.

———. Jorge Amado e a literatura de cordel. Salvador, Fundação Cultural do Estado da Bahia/ Fundação Casa de Rui Barbosa, 1981.

———. A literatura de cordel. Recife, Imprensa Universitária da Ufepe, 1973.

———. La literatura de cordel brasileña: Antología bilingüe. Madrid, Editorial Orígenes (prelo).

———. A presença de Rodolfo Coelho Cavalcante na moderna literatura de cordel. Rio de Janeiro, Nova Fronteira - Fundação Casa de Rui Barbosa, 1987.

———. "A sátira e a crítica social na literatura de cordel". In: Literatura popular em verso. Rio de Janeiro, Fundação Casa de Rui Barbosa, 1973.

CURTIUS, Ernst Robert. European literature in the latin Middle Ages. New York, Harper and Row, 1963.

DIASGomes, Alfredo. O pagador de promessas. 3a. ed. Rio de Janeiro, Civilização Brasileira, 1967.

DIÉGUESJúnior, Manuel. "Ciclos temáticos na literatura de cordel". In: Literatura popular em verso. Rio de Janeiro, Fundação Casa de Rui Barbosa, 1973.

FONTES, Oleone Coelho. "Sinézio Alves: um caricaturista de muitas carreiras". A Tarde, Salvador, 25 mai. 1980.

FRANCO, Tarso. "Ele o Tal Cuíca de Santo Amaro". Viver Bahia, Salvador, no. 3, s.d.

LESSA, Orígenes. Getúlio Vargas na literatura de cordel. Rio de Janeiro, Documentário, 1973.

LINS, Wilson. "O epigrama na Bahia". Revista de cultura da Bahia, no. 12, jan.-dez. 1977.

"OS LIVROSde Cuíca de Santo Amaro". Diário da Bahia, Salvador, 16 fev. 1957.

MATOS, Edilene. O imaginário na literatura de cordel. Salvador, Ufeba/ Centro de Estudos Baianos/ Edições Macunaíma, 1986.

———. Notícia biográfica do poeta popular Cuíca de Santo Amaro. Salvador, Ufeba/ Centro de Estudos Baianos, 1985.

———. "O folheto político de Cuíca de Santo Amaro". In: Intercom, São Paulo, 1981.

MENDOZA, Vicente. El romance español y el corrido mexicano. México, Imprenta Universitaria, 1939.

NOBLAT, Ricardo. "José Soares canta a glória de Juscelino". Manchete, 18 set. 1976.

CRUZ, Luíz Santa. "O diabo na literatura de cordel". Cadernos Brasileiros, ano V, no. 5, set.-out.

MATOS, Edilene. Sinézio Alves. Salvador, Núcleo de Pesquisa da Literatura de Cordel, s.d.

"ROSAdos Ventos/ Cuíca O.T." Diário de Notícias, Salvador, 14 jan. 1964.

SILVEIRA, Junot. A Bahia na voz dos trovadores. Salvador, Senai, 1955.

SKIDMORE, Thomas E. Politics in Brazil 1930-1964, an experiment in democracy. New York, Oxford University Press, 1967.

SOUZA, Liêdo Maranhão de. Classificação popular da literatura de cordel. Petrópolis, Vozes, 1976.

SUASSUNA, Ariano. Auto da compadecida. 4a. ed., Rio de Janeiro, Agir, 1964.

TAVARES, Odorico. "Trovadores da Bahia". O Cruzeiro, 26 out. 1946.

TORRES, Carlos. Vultos, fatos e coisas da Bahia. Salvador, Imprensa Oficial da Bahia, 1950.

VIANNA, Hildegardes. "Cordel de luxo". A tarde, 31 out. 1977.

———. "Lembranças de um Congresso". A tarde, s.d.

"VIÚVAde Cuíca vive quase na miséria". Revista do Jornal da Bahia, 24 abr. 1977.

WANDERLEY, Eustórgio. Tipos populares do Recife antigo. 2a. ed. Recife, Colégio Moderno, 1954.

TÍTULOS PUBLICADOS

1. Patativa do Assaré
2. Cuíca de Santo Amaro
3. Manoel Caboclo
4. Rodolfo Coelho Cavalcante
5. Zé Vicente
6. João Martin de Athayde
7. Minelvino Francisco Silva
8. Expedito Sebastião da Silva
9. Severino José
10. Oliveira de Panelas
11. Zé Saldanha
12. Neco Martins
13. Raimundo Santa Helena
14. Téo Azevedo
15. Paulo Nunes Batista
16. Zé Melancia
17. Klévisson Viana
18. Rouxinol do Rinaré
19. J. Borges
20. Franklin Maxado
21. José Soares
22. Francisco das Chagas Batista

Edição	Jorge Sallum
Co-edição	Bruno Costa
Capa e projeto gráfico	Júlio Dui e Renan Costa Lima
Programação em LaTeX	Marcelo Freitas
Assistente editorial	Janaína Navarro
Colofão	Adverte-se aos curiosos que se imprimiu esta obra nas oficinas da gráfica Bandeirantes em 28 de maio de 2010, em papel off-set 90 gramas, composta em tipologia Walbaum Monotype de corpo oito a treze e Courier de corpo sete, em plataforma Linux (Gentoo, Ubuntu), com os softwares livres LaTeX, DeTeX, vim, Evince, Pdftk, Aspell, svn e trac.